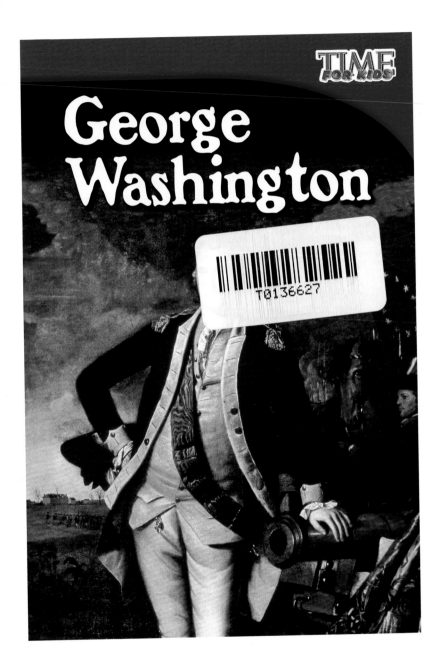

George Washington

Dona Herweck

Asesor

Timothy Rasinski, Ph.D.
Kent State University

Créditos

Dona Herweck Rice, *Gerente de redacción*
Robin Erickson, *Directora de diseño y producción*
Lee Aucoin, *Directora creativa*
Conni Medina, M.A.Ed., *Directora editorial*
Ericka Paz, *Editora asistente*
Stephanie Reid, *Editora de fotos*
Rachelle Cracchiolo, M.S.Ed., *Editora comercial*

Créditos de las imágenes

Cover ullstein bild/The Granger Collection; p.2 Studio_G/Shutterstock; p.3 fckncg/Shutterstock; p.4 left: Peter Wey/Shutterstock; p.4 right: Reinhold Leitner/Shutterstock; p.5 AVprophoto/Shutterstock; p.6 LC-DIG-pga-03120; p.7 top: LC-DIG-pga-01368; p.7 inset: Kate Connes/Shutterstock; p.8 The Granger Collection, New York; p.9 The Granger Collection, New York; p.10 top: fckncg/Shutterstock; p.10 bottom: Historical Picture Archive/CORBIS; p.11 The Granger Collection, New York; p.12 The Granger Collection, New York; p.13 Album/Prisma/Newscom; p.14-15 The Granger Collection, New York; p.15 top: LC-DIG-pga-02417; p.15 inset: The Granger Collection, New York; p.16 LC-DIG-pga-02419; p.17 top: LC-USZ62-49921; p.17 inset: LC-H8-CT-M04-009; p.18 top: The Granger Collection, New York; p.18 bottom: Kasia/Shutterstock; p.19 LC-DIG-ds-00123; p.20-21 The Granger Collection, New York; p.21 LC-USZC2-3154; p.22 LC-USZC2-3793; p.23 LC-USZC2-3310; p.24 LC-USZ62-117747; p.24-25 LC-USZC4-12011; p.26 LC-D4-32091; p.27 top to bottom: The Granger Collection, New York; LC-DIG-pga-02417; LC-USZC2-3793; LC-USZC4-12011; back cover Kasia/Shutterstock

Basado en los escritos de *TIME For Kids*.

TIME For Kids y el logotipo de *TIME For Kids* son marcas registradas de TIME Inc. Usado bajo licencia.

Teacher Created Materials

5301 Oceanus Drive
Huntington Beach, CA 92649-1030
http://www.tcmpub.com
ISBN 978-1-4333-4461-9
© 2012 Teacher Created Materials, Inc.
Printed in China
WaiMan

Tabla de contenido

El cerezo

El joven George tenía un hacha nueva y estaba impaciente por usarla. La hoja metálica brillaba y el mango de madera era suave y liso. Sus padres creían que George estaba listo para tener su propia hacha. Sabían que podían confiar en que la usaría con cuidado.

George casi siempre
tomaba buenas decisiones,
pero esta vez no estaba usando
la cabeza. Sentía que si no
probaba su nueva hacha, iba a
explotar. En ese momento vio
el cerezo.

Su padre lo acababa de plantar, pero George no pensó en eso. El arbolito tenía el tamaño justo para que George lo cortara, y eso fue lo que él hizo.

George se dio cuenta de que lo que había hecho fue malo y sintió vergüenza. Así que se armó de valor y se acercó a su padre para decirle:

"Padre, no puedo mentirte. Corté el cerezo."

Esta historia no sucedió en realidad, pero a la gente le gusta contarla porque muestra lo valiente y honrado que era George.

¿Sabes quién era ese niño? Era George Washington, el primer **presidente** de los Estados Unidos.

Juventud

George Washington nació en Virginia el 22 de febrero de 1732. En esa época, los Estados Unidos pertenecían a Inglaterra.

Los padres de George, Augustine y Mary, eran agricultores prósperos. Cuando George tenía once años, su padre murió. Su medio hermano mayor, Lawrence, ayudó a criarlo.

George era un niño inteligente. Le gustaban especialmente las matemáticas. Era alto y fuerte, y le gustaban las actividades al aire libre. Cuando fue un poco más grande, aprendió a disfrutar de la música y el teatro. Le gustaba bailar, pero era tímido con las chicas.

La vida en el mar

George quería ser marinero y viajar por el mar. Su madre le dio permiso y George se preparó para partir. Pero en el último momento ella cambió de opinión y no permitió que George se fuera. Su madre era muy estricta y George tuvo que obedecerla. Se olvidó de la idea y se dedicó a la topografía.

A George le gustaban muchas cosas, pero lo más importante era salir adelante en la vida. Quería ganar respeto y riqueza, así que trabajó muy duro.

¿Qué significa?

¿Qué es un topógrafo? Un topógrafo mide los terrenos con todas sus colinas y valles. Las medidas se utilizan para hacer mapas y decidir dónde es mejor hacer una construcción. La topografía es un tipo de matemáticas. Las destrezas matemáticas de George le ayudaron a ser un buen topógrafo.

George estudiaba y viajaba con Lawrence, de quien aprendió muchas cosas. Utilizó sus conocimientos para trabajar como **topógrafo** cuando tenía sólo diecisiete años.

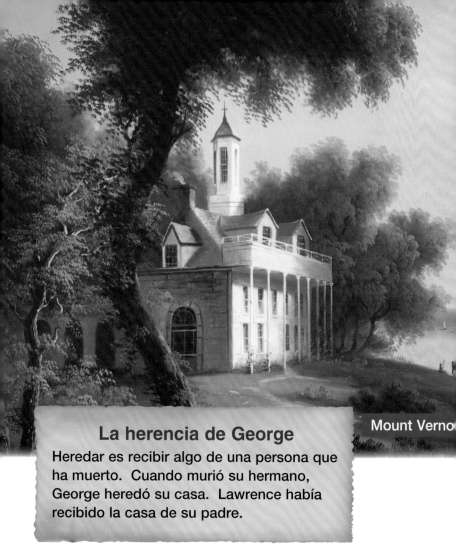

Mount Vernon

La herencia de George

Heredar es recibir algo de una persona que ha muerto. Cuando murió su hermano, George heredó su casa. Lawrence había recibido la casa de su padre.

Cuando George tenía veinte años, Lawrence murió. George **heredó** Mount Vernon, una de las **plantaciones** de la familia Washington.

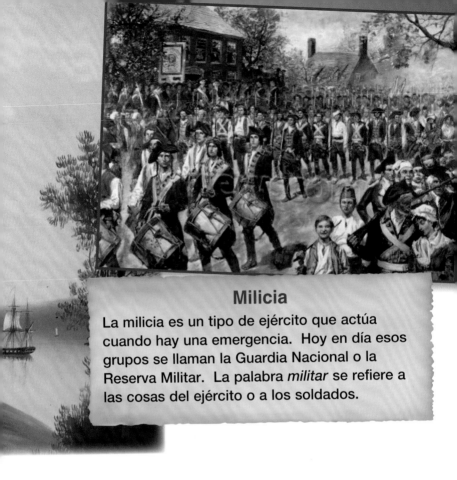

Milicia

La milicia es un tipo de ejército que actúa cuando hay una emergencia. Hoy en día esos grupos se llaman la Guardia Nacional o la Reserva Militar. La palabra *militar* se refiere a las cosas del ejército o a los soldados.

También realizó el trabajo de su hermano. Lawrence era oficial de las **milicias** en Virginia. Aunque sólo tenía veinte años y no tenía experiencia en el ejército, George sabía que podía hacer este trabajo. Empezó su carrera **militar**.

El caballero agricultor

George fue un líder militar hasta casi los treinta años. Después pensó que había cumplido su misión y regresó a Mount Vernon a trabajar la tierra.

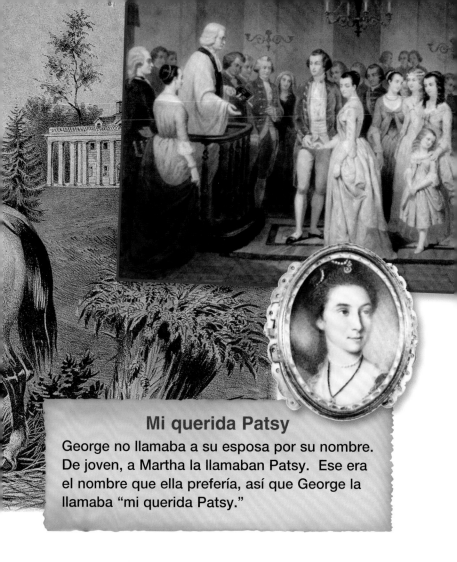

Mi querida Patsy

George no llamaba a su esposa por su nombre. De joven, a Martha la llamaban Patsy. Ese era el nombre que ella prefería, así que George la llamaba "mi querida Patsy."

En 1759 George se casó con Martha Dandrige Custis, una **viuda** rica que tenía dos hijos, Jacky y Patsy. George se convirtió en el padre de los niños.

George era un buen agricultor. Leía todo lo que podía sobre la agricultura y probaba nuevas y mejores formas de trabajar la tierra.

Para mejorar su plantación, instaló un **molino** y una **herrería**, y se dedicó también a la **piscicultura**.

esclavos trabajando en una piscifactoría

molino en Mount Vernon

Negocios de la plantación

¡Cuántas cosas hacía George! La piscicultura es la cría de peces en un lugar especial. Un molino sirve para moler el trigo y otros granos y convertirlos en harina. Una herrería es un lugar donde se fabrican cosas con hierro. George usaba todo esto para aprovechar mejor su plantación y para producir más ganancias.

George se convirtió en un líder de su comunidad. Era tan buen líder que formó parte del **gobierno** de Virginia. Durante quince años ayudó a dictar leyes allí. Las cosas empezaron a cambiar en los Estados Unidos. Muchos de sus habitantes pensaban que Inglaterra no era justa con ellos. Querían tener su propio país.

¡Qué genio!

George era famoso por su mal genio. Le había prometido a su padre que no se dejaría controlar por su genio. Hacía grandes esfuerzos por mantener el ánimo tranquilo y la cabeza despejada. Esto lo ayudó a ser un buen líder.

La Revolución

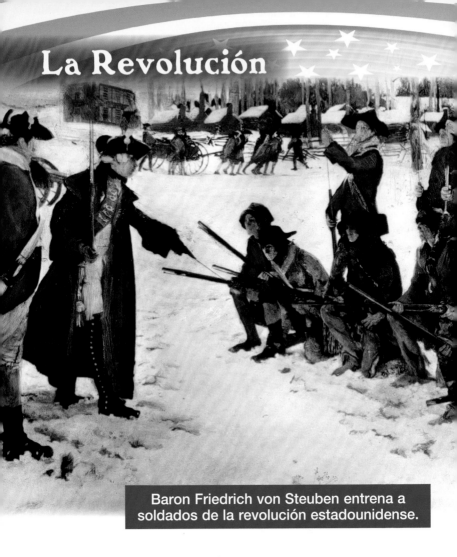

Baron Friedrich von Steuben entrena a soldados de la revolución estadounidense.

George preparó una milicia para la guerra. En 1775, lo nombraron comandante del nuevo ejército estadounidense.

George fue nombrado comandante en jefe.

La lucha fue larga y dura, y mucha gente murió. En un invierno en Valley Forge, Pennsylvania, George y su ejército casi perdieron la vida. Tenían mucho frío y muy poca comida, pero sobrevivieron.

Finalmente, después de ocho largos años de guerra, se declaró la paz en 1783. Los líderes formaron un nuevo país y lo llamaron los Estados Unidos de América.

Padre de la patria

Mucha gente piensa que si no hubiera sido por George, el nuevo país no habría durado. La gente tenía ideas diferentes y no se ponía de acuerdo. George se esforzó por lograr la unión de todos. Por eso se le llama "Padre de la patria."

George regresó a su casa, pero no para siempre. El país necesitaba un nuevo líder. Ese líder sería el presidente de los Estados Unidos. La gente opinaba que George era la persona ideal para este trabajo.

George sabía que era un trabajo importante. Tenía miedo de cometer errores, pero aceptó el puesto y se esforzó por el nuevo país. Escuchó lo que la gente quería.

Fue presidente durante ocho años y le pareció que ese tiempo era suficiente. Le dijo a su pueblo que era hora de

George llega a Filadelfia para su segunda toma de posesión en 1793.

escoger un nuevo presidente. John Adams resultó elegido. En 1797, George finalmente regresó a su casa.

George estaba contento de estar de regreso con su familia. Siguió ayudando al país cuando podía, pero más que todo se quedaba en casa.

De regreso a casa

El 14 de diciembre de 1799, se despertó y se sintió enfermo. Esa misma noche murió.

George fue un gran líder y siempre lo recordaremos. Uno de sus amigos expresó esto muy bien. Dijo que George había sido "el primero en la guerra, el primero en la paz y el primero en el corazón de sus compatriotas."

Cronología de Washington

1732	Nace en Virginia el 22 de febrero
1749	Trabaja como topógrafo ••••••••••
1752	• Muere Lawrence • Hereda Mount Vernon • Lo nombran parte de la milicia
1759	• Se casa con Martha Dandridge Custis•• • Es miembro de la Casa de los Burgueses de Virginia, de 1759 a 1774
1774	• Lo eligen para el Primer Congreso Continental • Organiza las milicias de 1774 a 1775
1775	• Lo nombran general y comandante en jefe del ejército estadounidense el 15 de junio • Empieza la Revolución de los Estados Unidos de 1775 a 1783 •••••••
1776	Se firma la Declaración de la Independencia el 4 de julio
1787	Se firma la Constitución de los Estados Unidos el 17 de septiembre
1789	Lo eligen Presidente de los Estados Unidos el 4 de febrero
1792	Lo reeligen como Presidente de los Estados Unidos ••••••••••••••••••••
1799	Muere en Mount Vernon el 14 de diciembre

Glosario

gobierno—un grupo de personas que dictan las leyes y dirigen al resto de la gente

heredar—recibir algo de una persona que ha muerto

herrería—un lugar en el que los trabajadores fabrican objetos de hierro

milicia—un tipo de ejército que entra en acción en una emergencia

militar—relacionado con el ejército y los soldados

molino—un lugar en el que se muelen los granos para convertirlos en harina

piscicultura—cría de peces en un lugar especial donde también se puede pescar

plantación—una granja muy grande que tiene muchos trabajadores y en la que se cultivan muchas cosechas diferentes

presidente—el funcionario más importante de un grupo

topógrafo—una persona que mide los terrenos y las colinas y valles de los mismos

viuda—una mujer cuyo esposo ha muerto